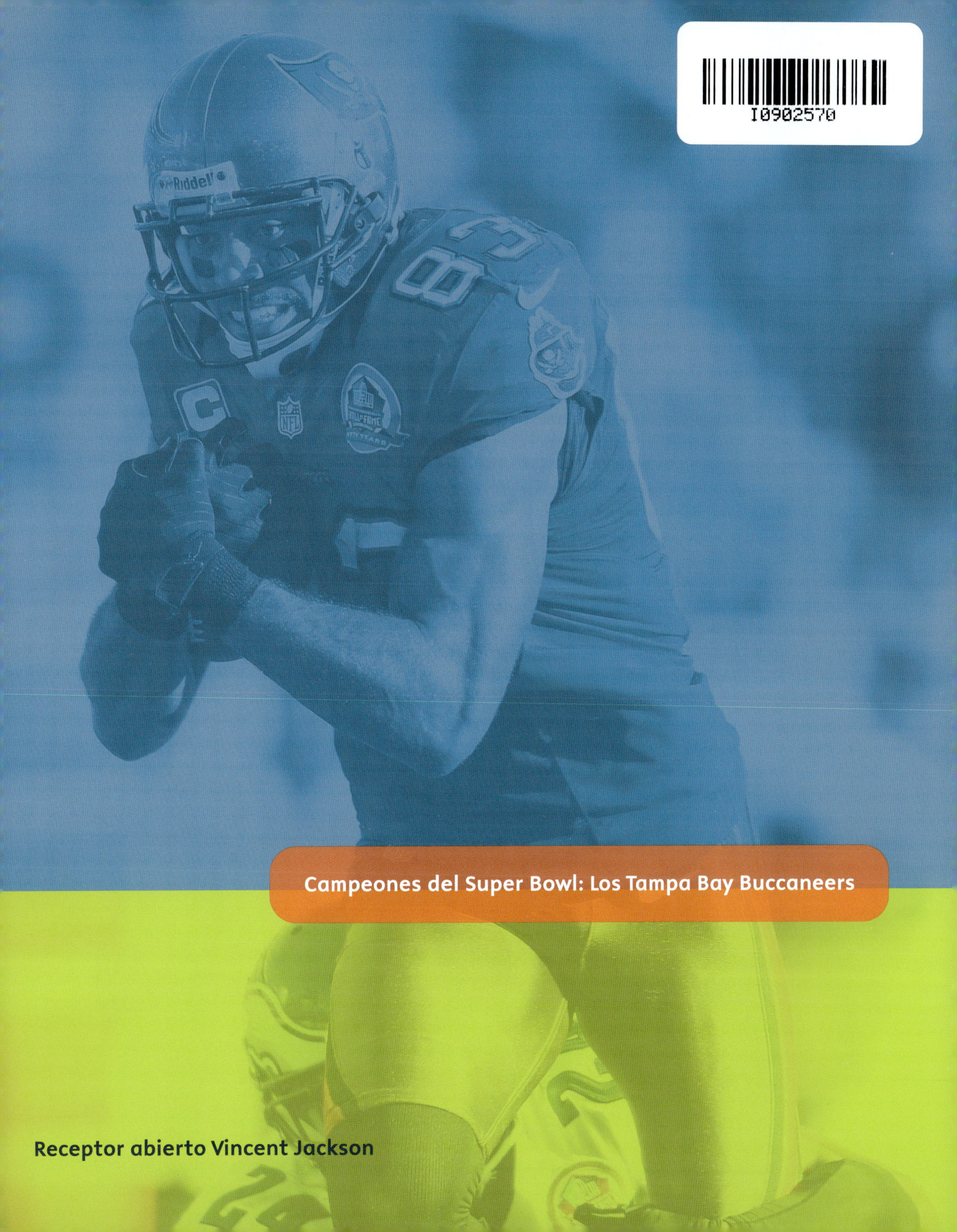

Campeones del Super Bowl: Los Tampa Bay Buccaneers

Receptor abierto Vincent Jackson

Corredor Ronald Jones II

CAMPEONES DEL SUPER BOWL

LOS TAMPA BAY BUCCANEERS

MICHAEL E. GOODMAN

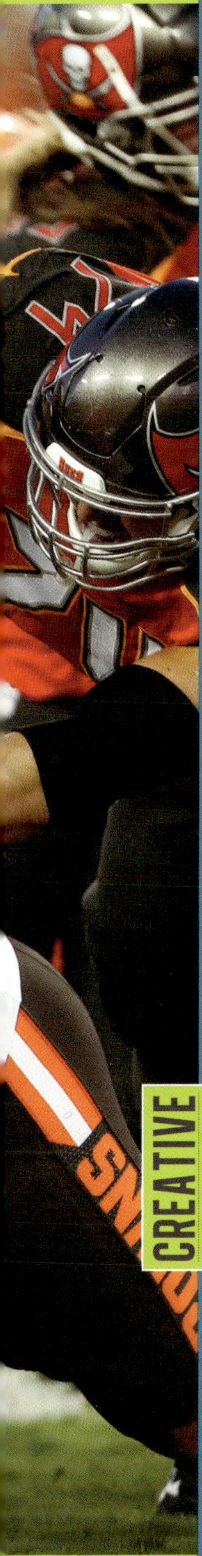

CREATIVE EDUCATION / CREATIVE PAPERBACKS

Publicado por Creative Education y Creative Paperbacks
P.O. Box 227, Mankato, Minnesota 56002
Creative Education y Creative Paperbacks son marcas editoriales de The Creative Company
www.thecreativecompany.us

Diseño y producción de Blue Design (www.bluedes.com)
Dirección de arte de Rita Marshall
Traducción de TRAVOD, www.travod.com

Fotografías de Alamy (ZUMA Press, Inc.), AP Images (ASSOCIATED PRESS), Getty Images (Grant Halverson, J. Meric, Al Messerschmidt, Ronald C. Modra/Sports Imagery, Michael Montes, PETER MUHLY, Joe Robbins, Eliot J. Schechter), Newscom (Del Mecum, Cliff Welch/Icon Sportswire)

Información del Catálogo de publicaciones está disponible de la Biblioteca del Congreso.
ISBN 978-1-64026-665-0 (library binding)
ISBN 978-1-68277-221-8 (paperback)
ISBN 978-1-64000-806-9 (eBook)

Receptor abierto Keyshawn Johnson

Receptor abierto Chris Godwin

CONTENIDO

Elegirse el nombre de los Buccaneers

Según la leyenda, unos piratas llegaron a la bahía de Tampa en la costa oeste de Florida. Algunas personas dicen que los piratas incluso enterraron un tesoro ahí, pero que nadie lo ha encontrado. Un sinónimo de piratas es "bucaneros". Tampa Bay todavía tiene bucaneros, ¡pero ahora juegan al futbol americano!

EXIT

Corredor Doug Martin

Los Buccaneers (o Bucs) son parte de la Liga Nacional de Futbol Americano (NFL). Uno de sus **rivales** son los Atlanta Falcons. Todos los equipos de la NFL intentan ganar el Super Bowl. El ganador es el campeón de la liga.

Quarterback Doug Williams

Historia inicial de los Buccaneers

Los Buccaneers empezaron a jugar en 1976. ¡Perdieron sus primeros 26 juegos! Cuando el equipo finalmente ganó un partido como local, los aficionados celebraron en el campo.

El liniero defensivo Lee Roy Selmon ayudaba a los Buccaneers a mejorar. Luego, el equipo agregó al *quarterback* poderoso Doug Williams. Lanzaba muchos pases para **touchdown**. Llevó a los Bucs a las **eliminatorias** después de las temporadas de 1979, 1981 y 1982.

Liniero defensivo Lee Roy Selmon

Linebacker Derrick Brooks

En 1996, los Buccaneers contrataron al entrenador Tony Dungy. Construyó una fuerte **defensa**. Entre las estrellas de los Bucs se incluye el *linebacker* Derrick Brooks, el liniero Warren Sapp y el profundo John Lynch.

En 1998, los Bucs se mudaron al Estadio Raymond James. Un gran barco pirata flota justo afuera del estadio. Cuando los Bucs anotan, los cañones de la nave disparan. Disparan siete veces en caso de un touchdown y tres veces para un gol de campo.

Otras estrellas de los Buccaneers

En 2002, el nuevo entrenador Jon Gruden llevó a los Bucs a la cima de la NFC Sur. Los Bucs fueron a su primer Super Bowl. Derrotaron a los Oakland Raiders, por 48-21, para ganar el Super Bowl XXXVII (37). ¡Por fin los Buccaneers fueron campeones!

Después de eso, los Bucs se perdieron las eliminatorias la mayoría de las temporadas. Pero los aficionados apoyaron a muchas grandes estrellas. Ronde Barber era un esquinero rápido que atrapó muchas **intercepciones**. El fuerte liniero defensivo Simeon Rice hizo 69.5 **capturas** en seis temporadas.

Liniero defensivo Simeon Rice

Quarterback **Jameis Winston**

En 2015, los Buccaneers agregaron al *quarterback* poderoso Jameis Winston. Los aficionados lo llamaban "Famous Jameis". En 2019, encabezó la NFL con 5,109 yardas aéreas durante la temporada.

El veterano *quarterback* estrella Tom Brady se unió a los Bucs en 2020. El llevó al equipo a otra victoria en el Super Bowl en 2021.

Acerca de los Buccaneers

Comenzaron a jugar: En 1976

Conferencia/división: Conferencia Nacional, División Sur

Colores del equipo: rojo, naranja y gris oscuro

Estadio: Estadio Raymond James

VICTORIA EN EL SUPER BOWL:

XXXVII, 26 de enero de 2003, 48-21 contra los Oakland Raiders

LV, 7 de febrero de 2021, 31-9 contra los Kansas Chiefs

Sitio web de los Tampa Bay Buccaneers: www.buccaneers.com

Glosario

capturas — tacleadas a un *quarterback* que está tratando de lanzar un pase

defensa — los jugadores que intentan evitar que el otro equipo anote

eliminatorias — juegos que llevan a cabo los mejores equipos después de una temporada para ver quién será el campeón

intercepciones — jugadas en las que un jugador defensivo atrapa un pase lanzado por el otro equipo

rivales — equipos que juegan extra duro unos contra otros

touchdown — una jugada en la que un jugador lleva el balón o lo atrapa en la zona de anotación del otro equipo para anotar seis puntos

Quarterback **Josh Freeman**

Índice